Nel mio piccolo MONDO

Nel mio piccolo MONDO

Hélène Gaudy & Anne Beauchard
Coloritura di Charline Collette

la MARGHERITA EDIZIONI

Il mio piccolo MONDO, lo porto dappertutto con me.
Nel mio piccolo MONDO ci sono delle balene,
delle barche, degli orsi bianchi e degli igloo.
Se guardi bene, vedi anche i pesci nuotare nell'acqua.

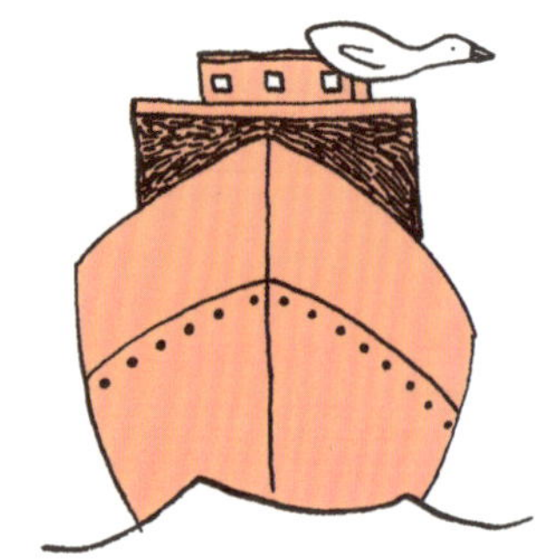

Nel mio piccolo MONDO ci sono animali che dormono nei letti, altri nei vasi di fiori e altri ancora sull'armadio. Appena schiocco le dita, corrono a giocare con me.

Guarda! C'è persino una volpe in fondo all'armadio!
Io non ci sono, ma mi vedi in foto.
Da qualche parte, un indizio ti svela la mia età. Siamo coetanei, tu e io?

Nel mio piccolo MONDO c'è una vasca da bagno così lunga
che vi si può rincorrere un coccodrillo.
Le mie paperelle di gomma corrono di qua e di là per tutta la casa.

Qui ne vedi 20, ma ne ho tante altre!
Prima di girare la pagina, trova
la chiave dell'armadio dove sono nascoste.

Bravo! Le hai liberate!
Ora puoi giocare con loro.
Nel mio piccolo MONDO ci sono un sacco di angolini nascosti,
nascondigli e cunicoli sotterranei. Io faccio capanne
con coperte e cuscini e tende con gli asciugamani.
Da qualche parte ci sono il mio gatto e il mio papà in pigiama.
Vuoi giocare a nascondino con me?
Ho una piuma in testa e indosso una strana mantella.

Nel mio piccolo MONDO
ci sono scale, porte, finestre, piatti
in cui mangiare, coltelli per tagliare
e forchette per infilzare. Ci sono il mio papà,
la mia mamma, il mio albero, la mia nonnina, il mio nonnino,
mia sorella maggiore, mio fratello minore, la mia rana,
i miei cugini, il mio cane e anche tutti i miei amici.

Nettuno

Nel mio piccolo MONDO c'è un cielo enorme con una sola nuvola.
Dell'erba e dell'acqua e – Oh! - un pesce tutto rosso.
Ci sono api e giraffe che mangiano i fiori degli alberi alti alti.
La mia palla è finita su una mimosa. Aiutami a prenderla prima che finisca nel loro stomaco!
C'è anche il mio amico Ettore seduto a cavallo di un'oca.
Indossa un maglione arancione e gli piace viaggiare.
Appare in ogni pagina, lo hai notato?

Nel mio piccolo MONDO c'è il mio dinosauro gigante,
pieno di denti, che preferisce dormire in giardino,
piuttosto che nel mio letto.
Ci sono dei cactus e dei cacatua perché amo il suono
dei loro nomi. E della pioggia, ma esclusivamente
sopra casa mia.

IL BOSCHETTO
TERRA
CIELO

Nel mio piccolo MONDO c'è un grande bosco con alberi rossi in autunno, verdi in primavera, spogli in inverno e viola quando scende la notte.
Ci sono funghi, pigne e un gufo che bubola.
Ma chi è la bambina che si è persa nel bosco?
Per fortuna c'è un lupo che le sa indicare la strada.

Nel mio piccolo MONDO ci sono onde più alte di me, palloncini, aquiloni e sabbia in abbondanza per costuire enormi castelli (ma non solo).

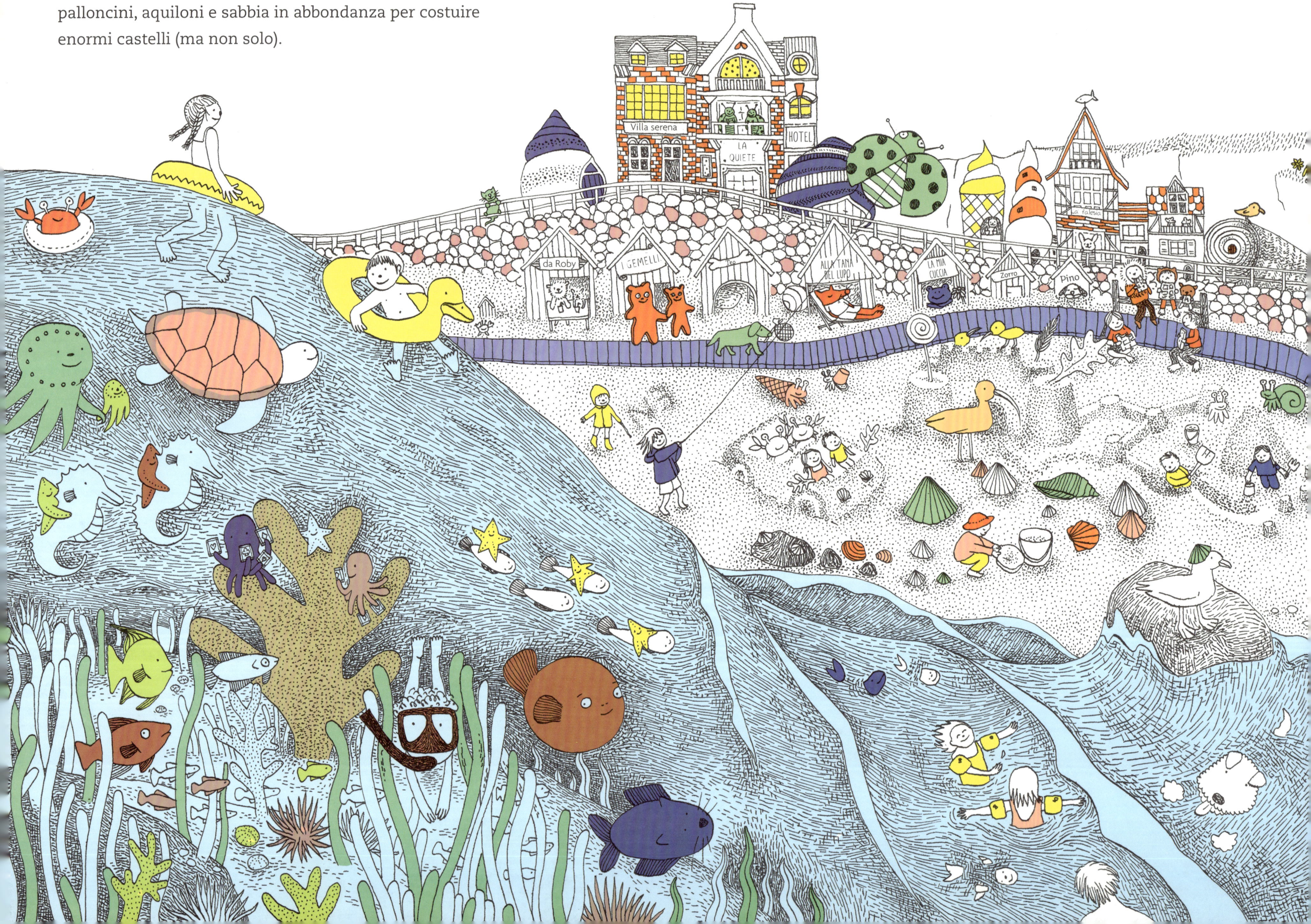

Quando mi immergo in mare con la maschera, vedo due polpi che giocano a carte.
Le mie paperelle di gomma sono scappate di nuovo!
Forse è il momento di lasciarle andare, che ne dici?

Nel mio piccolo MONDO c'è uno scivolo
che porta a scuola, il treno che sale sulla
montagna e quello che scende al mare,
un razzo che punta alle stelle
e un aereo pieni di vacanzieri.
Puoi notare anche la mia casa,
in lontananza. Ho fissato una bandiera
sul tetto, per aiutarti a trovarla.

SCUOLA FELICE
PANE e DOLCI
Stazione di Gioia Marina

Nel mio piccolo MONDO, ci vengo quando voglio.
Chiudo gli occhi e, hop! Eccomi qui!
Riccioli d'Oro ci viene ogni volta che si perde nel bosco.
La Bella Addormentata ci viene, ogni tanto, per riposare un po'
e persino i tre porcellini si sono costruiti una casetta da queste parti!

Il mio piccolo MONDO, lo porto dovunque con me
perché si trova in un angolino della mia testa.
Non male, vero?

Poldo
Daniele
Clara
Dodo
Lupone
Giovanni
Rino
Coco
Otto
Ric
Polly
Cricchy
Milo
Luca
Pollicino
Ettore
Il mio gatto Felix
Cappuccetto Rosso
Papà
Mamma
Cocci
Nella
Junior
Nonna
Nonno
Gaia
Bernardo
Elia
Roby
Enea
Lulù
Rughetta
Teo
Drillo
Nemo
Nocchia
... e io!

LA CASA DEI TRE PORCELLINI
LE ROCCE A PELO D'ACQUA
LA SPIAGGIA DALLE ROCCE BLU
IL MONTE PALLINO
LA STAZIONE DIMENTICATA
L'ISOLETTA
IL MONTE FIORITO
LA VALLE DEI VENTI
LA BAIA DEI VENTI
IL MANEGGIO
LA GIOSTRA
LA MAGNOLIA
CASA MIA
LA CAPANNA
L'ARNIA
LA CAPANNA SUL LAGO
LA LIBRERIA
LA SCALA ARCOBALENO (vista dall'alto)
IL CASTELLO INCANTATO
L'ALBERO SENZA NOME
LA MIMOSA
L'ORTO
LA CUCCIA DI TEO
IL PARCO GIOCHI
LA MIA SCUOLA
IL POSTO PREFERITO DAI RICCI
LA SERRA UN PO' TROPICALE
L'ELEPONTE
LA PANETTERIA
JUNIOR (a spasso)
LA LONTRA
LA BAIA TRANQUILLA
LA GALLERIA DEL FORMICHIERE
L'ALTALENA
L'ALBERO A POMPON
LA SPIAGGIA DI CIOTTOLI
L'OSSERVATORIO DELLE FOCHE
LE GALLERIE
LA SPIAGGIA GRANDE
LA GALLERIA CIUF CIUF
IL CIRCO
IL MARE FREDDO
LA STAZIONE DI GIOIA MARINA
N
E
S
O
IL MIO PICCOLO MONDO

Crea anche tu il tuo piccolo Mondo!
Fotocopia, ritaglia e colora questi elementi
decorativi e sistemali come e dove vuoi tu!

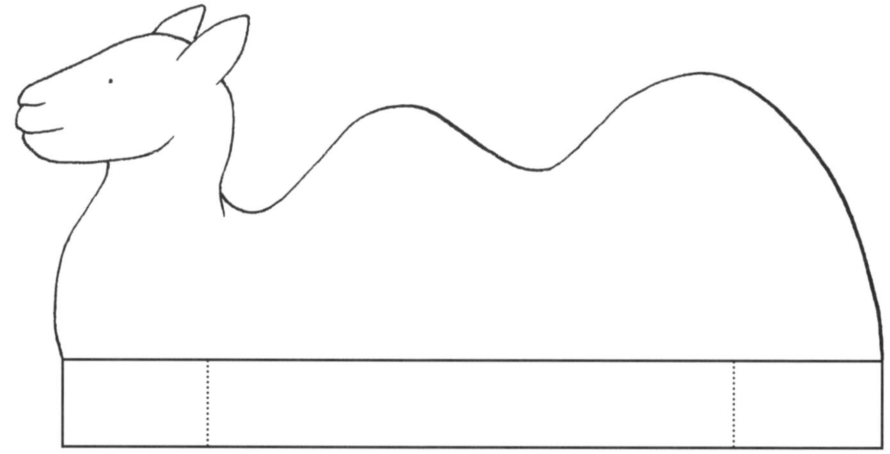

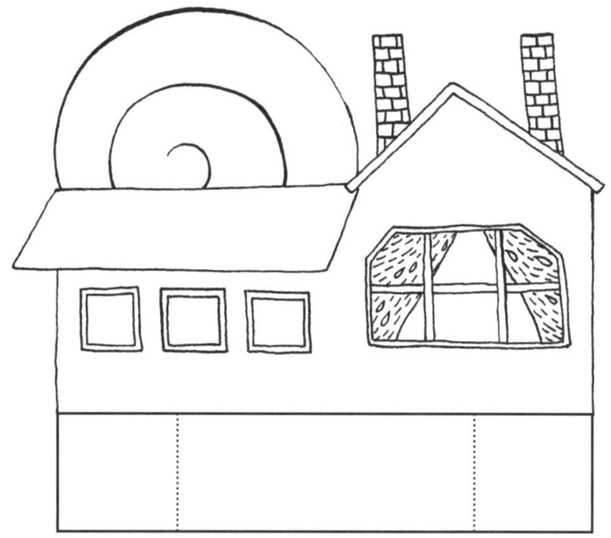

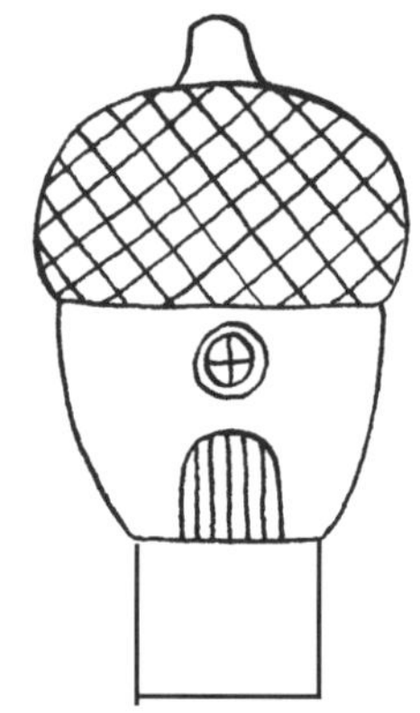

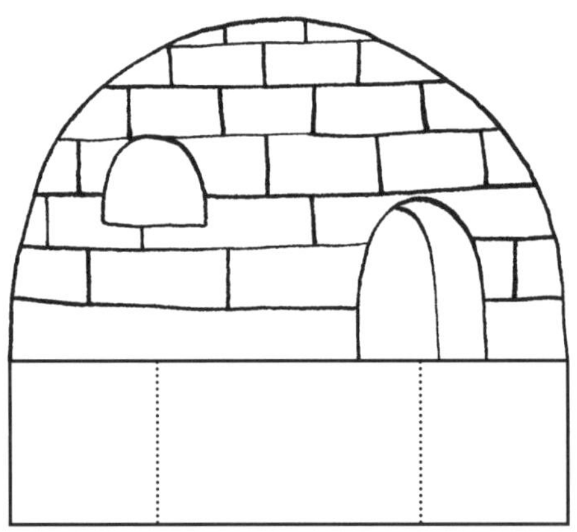

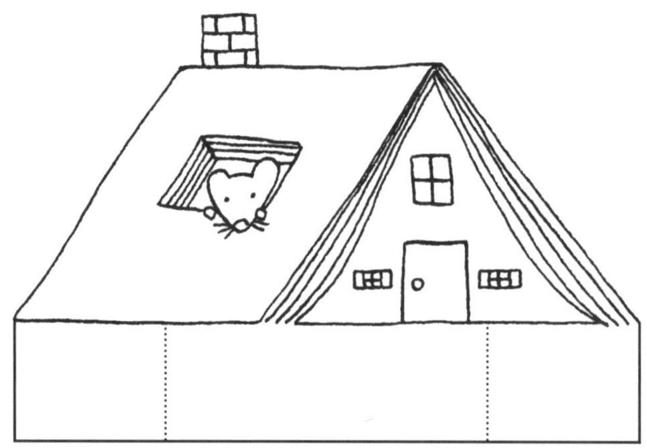